El Día de las Madres

por Fay Robinson
ilustrado por Linda Davick

Scott Foresman

Oficinas editoriales: Glenview, Illinois • New York, New York
Ventas: Reading, Massachusetts • Duluth, Georgia
Glenview, Illinois • Carrollton, Texas • Menlo Park, California

Es el Día de las Madres.

Hoy Gaby trabaja como una hormiga.
Tiene muchas cosas que hacer.
Gaby hace jugo de naranja.

Hoy Gaby no quiere jugar.
Tiene muchas cosas que hacer.
Gaby pone cereal en un tazón.

Gaby tiene muchas cosas que hacer.
Ella trabaja como una hormiga.
Gaby hace una tostada.

Gaby hace muchas cosas hoy.
Ella trabaja como una hormiga.
Gaby hace una taza de té.

Hoy Gaby trabaja como una hormiga.
Tiene muchas cosas que hacer.
Gaby hace un panqueque.

Gaby lleva todo a mamá.
¡Y a mamá le gustó!